Werner Sprenger

Anstiftung zum Glück

Lyrik und Prosa

Nie/nie/sagen-Verlag
Konstanz

Lektorat und strukturelle Gestaltung: Joschi Wolfrum

1. Auflage 1981
2. und 3. Auflage 1982
4. und 5. Auflage 1984

Copyright ©
Nie/nie/sagen-Verlag, Konstanz
Alle Rechte vorbehalten.
Printed in Germany
Herstellung: Fuldaer Verlagsanstalt, Fulda

ISBN 3-921778-13-1

Die Gedichte

Vorwort	9
Kennst Du das Gefühl?	11
Selbst-Beteiligung	13
Wenn Du sprichst, dann...	15
Anstiftung zum Glück	17
Für wen hältst Du Dich?	19
Manchmal ist mir so als ob	21
Am Ende der Erziehung	23
Der Fremde	25
Hilfe!	27
An die Macher	29
Was ich alles nicht durfte	31
Ich?	33
Abschied von einem Vorbild	35
Moral der Moral	51
Irgendwo im Nirgendwo der Statistiken?	53
So nicht	55
Du sollst Dir kein Vorbild machen	57

So als ob	59
Das macht mir Angst	61
Besoffen von Verdrängungen	65
Ich bin ganz unruhig	67
Unser Leiden Christi	69
Andenken an und gegen Denkgewohnheiten	73
Bitte	75
Der Wahn der Normalität	77
Sag nicht ja, wenn...	79
Selbstverbot	81
Sei nicht zu einsichtig	83
Wahrheit der Wahrheit	85
Sei unberechenbar	87
Paß Dich nicht an	89
Mach selbst etwas	91
Ein Gefühl für Dich selbst bekommen	93
Vergißdeinnicht	95
Lieber keine Ziele	97
Die Pflicht, andere zu enttäuschen	99
Richtiges Ende einer falschen Liebe	101
Tödliche Bildbetrachtungen	103
Wie wirklich ist Wirklichkeit	105
Jemanden lieben heißt	107
Ursache bist Du und Wirkung	109
Erkenne	111
Frag mich ruhig	113
Überraschungen des Findens	115
Sei offen für Dich	117
Leicht gesagt	119
Hab Geduld mit Dir	121
Können gebratene Tauben fliegen?	123

Auf der Suche nach Dir	125
Liebe Dich	127
Gerade so fühle ich Dich jetzt	129
Jeden Tag dasselbe?	131
Guter Rat für schlechte Zeiten	133
Ver-zweifeln	135
Was nicht wiederkommt	137
Was ist Zeit?	139
Vorsicht	141

Ich über mich

Die Grunderfahrung meines Lebens ist, daß sich meine Arbeit als Schriftsteller nicht trennen läßt von meinem täglichen Leben, ohne daß beide zerstört werden. Und ich habe erfahren, daß alles im richtigen Augenblick geschieht, wenn ich offen dafür bin. Niemand kann sein Schicksal selbst bestimmen. Sicher ist mein Leben bestimmt und geprägt worden durch den Krieg (Soldat von 1941—45) und die lange Gefangenschaft danach (bis 1948), durch mein Psychologiestudium, meine Arbeit mit den Drogenabhängigen und den jugendlichen Arbeitslosen und sicher auch durch meine Tätigkeit als Leiter des INTA-Meditationszentrums (IMZ seit 1960).

In den drei Jahren in Benares und in Kalkutta lernte ich das indische Denken und Meditieren kennen, innerhalb und außerhalb der Ashrams. Im Trappistenkloster Gethsemani in Kentucky lernte ich das Schweigen, im Gespräch mit den „kranken Menschen" lernte ich das Sprechen.

Als Schriftsteller war für mich die entscheidendste Erfahrung, daß Gedichte heilende Wirkung haben auf kranke Menschen, ganz genauso wie das vertrauensvolle Gespräch, die Musik und der Tanz. Für mein Leben gilt, wie wohl für jedes Leben, daß das Ganze mehr ist als die Summe seiner Teile.

Wichtig ist für mich, wie einer lebt, und nicht, was er sagt, ob er wirklich in sich selbst ruht, ob er Freude weckt und Liebe, das ist es, worauf ich achten gelernt habe.

VOR WORT:

WER sich selbst nicht weiß,
der weiß zu wenig,
so viel, so viel
er auch sonst wissen mag.
WER sich selbst weiß,
Ziel seines Lernens
ist nicht das Wissen,
sondern das Leben,
nicht das Verurteilen,
sondern das Verstehen.
Doch es ist schwer,
einem anderen Menschen ganz genau,
wortgenau das zu sagen,
was Du ihm sagen möchtest,
wenn die gemeinsamen Erfahrungen fehlen.
Denn die Gleichheit der Worte,
die ist so trügerisch.
Wenn ich dreien dasselbe sage,
so ist es für jeden der drei
überhaupt nicht dasselbe.
Denn jeder kann nur verstehen,
was er selbst erlebt hat.

Jeder hat seinen Hunger.

Kennst Du das Gefühl?

Dieses Gefühl,
dieses bittere Gefühl,
ein Dir im Grund fremdes Leben zu leben,
und das wahre Leben
nicht leben zu können,
nicht leben zu dürfen,
und Dein wahres Leben
nur dadurch schützen zu können,
indem Du es tarnst und verleugnest.
Und so lebst Du als ob,
als ob es Dich nicht geben würde,
Deine Wünsche nicht,
nicht Deine Sehnsucht,
endlich zu leben —
kennst Du das Gefühl?

Jeder Mensch, ein Wesen **voll verdrängter Möglichkeiten,** voll ungelebter Möglichkeiten und voll geleb-
ter Unmöglichkeiten. (Wer kann jetzt denken: ich
nicht?)

Gibt es Situationen, in denen Du das Gefühl hast, un-
terhalb Deiner Möglichkeiten zu leben, **außerhalb
Deiner wirklichen Bedürfnisse?** Und warum gibt es
diese Situationen?

Selbst-Beteiligung

Alle sagen Dir,
was Du tun solltest.
Alle scheinen zu wissen,
was gut ist für Dich
und was schlecht.
Alle beteiligen sich
mit ihren Wünschen und Erwartungen
an Deinem Leben.
Und Du, Du?
Wie stark bist Du selbst beteiligt
an Deinem Leben?

Was bewertest Du im Umgang mit Menschen als Erfolg? Was als Mißerfolg?

Wenn Du sprichst, dann...

Wenn Du sprichst zu mir,
dann höre ich die Stimme,
die Stimme der anderen.
Und wenn Du denkst
(denkst, daß DU es bist,
der denkt),
denkst Du ihre Gedanken.
Und Deine Gefühle?
Sind ihre Gefühle,
ihr Haß, ihre Vorurteile.
Und Deine Ideale
sind ihre Ideale.
Und selbst dann,
wenn Du ich sagst
(und Du sagst oft ich),
meinst Du nicht Dich,
sondern sie.

Wie kommst Du mit anderen aus? Gut? Wie kommst Du mit Dir aus? Nicht ganz so gut? Meinst Du, Du würdest besser mit Dir auskommen, wenn Du schlechter mit den anderen auskommen würdest? Hast Du etwa mehr Angst vor den anderen als vor Dir? DOCH Du hast mit Dir zu leben — und mit den anderen. Zuerst aber mit Dir. Niemand ist Dir so nahe, steckt so sehr in Deiner Haut wie Du. Niemand träumt Deine Träume. Niemand teilt Deine Angst. Niemand wird Deinen Tod sterben, niemand Dein Leben leben. Du hast nicht nur mit den anderen, Du hast auch mit Dir leben und auskommen zu lernen. Sei nur halb so geduldig mit Dir, wie Du mit den anderen bist, nur halb so freundlich zu Dir, wie Du zu den anderen bist, nur halb so verständnisvoll für Deine Sorgen, für Deine Probleme wie für die Sorgen und Probleme der anderen, und Du wirst schlagartig weniger Sorgen und Probleme haben.

Anstiftung zum Glück

Wie kann ich Dich
zu Dir selbst verleiten?
Wie kann ich Dich anstiften
zu Deinem Glück?
Wie kann ich Mitwisser werden
Deines verschütteten Wissens um Dich?
Wie kann ich Mittäter werden
Deiner Selbstbefreiung?
Wie kann ich Dich nötigen,
daß Du Dich ernster nimmst?
Wie kann ich Dich verleiten,
wenigstens die Geduld mit Dir zu haben,
die Du mit mir und anderen hast?
Wie kann ich Dich anstiften,
daß Du Dich nicht mißbrauchst?
Wie kann ich Dich zu Dir selbst verleiten?

Solange ein Mensch lebt, so lange ist er ständig für ir-
gendetwas **entweder zu alt oder zu jung:** ,,das ver-
stehst Du noch nicht", ,,dazu mußt Du älter werden", ,,dazu bist Du zu alt".
Kannst Du Dir oder mir jetzt sagen, wofür Du jetzt zu
alt bist oder jetzt noch zu jung?
(Laß Dir ruhig Zeit zum Überlegen.)
Und überlege auch, was Du dafür tust, um Deine Bedürfnisse rechtzeitig zu befriedigen, Deinem Lebens-
alter entsprechend.

Kurse zum Buch:

Schleichwege zum Ich

Wer bin ich? — Wer möchte ich sein?
Was habe ich? — Was will ich wirklich haben?
Wie lebe ich? — Wie möchte ich wirklich leben?
Was hindert mich daran?

In vertrauensvoller Gemeinsamkeit mit anderen Menschen, die auch auf Schleichwegen zu sich selbst sind, die Antworten auf diese Fragen entdecken und leben lernen.

Das Programm der Meditationskurse, die der Autor der Bücher SCHLEICHWEGE ZUM ICH, Werner Sprenger, persönlich hält, sind kostenlos und unverbindlich erhältlich beim:

INTA-Meditations-Zentrum, Silvanerweg 17, D—7750 Konstanz

Werner Sprenger

Augen-Blicke

Das unbekannte Gesicht
der bekannten Welt
im Frühmorgengrau.
Und ich stehe am Fenster, hellwach,
wachgerüttelt von dem Gedanken,
wie die Zeit vergeht
und —
was ich alles nicht gesehen,
alles nicht getan habe.

Nie/nie/sagen-Verlag

Augen-Blicke
Gedichte und Prosa

Die UNITED HUMAN ORGA-NISATION stellt dieses Buch von WERNER SPRENGER an die 13. Stelle der 100 wichtigsten bewußtseinserweiternden Werke der Weltliteratur.

82 S., 9. Auflage 1987, ISBN 3-921778-03-4   DM 9,80

Scheint Dir die Sonne heute, um zu überlegen, was Du gestern hättest anders machen müssen?

NIE/NIE/SAGEN-Verlag
Silvanerweg 17, D-7750 Konstanz

Werner Sprenger

Verführung zum Leben

Meditations-Texte

> Liebe machen?
> Du kannst Liebe nicht machen,
> Du kannst Lust nicht erleben,
> Du kannst Liebe nicht erfahren,
> ohne Liebe
> zu werden.

Nie/nie/sagen-Verlag

NEU

160 S., 1987, ISBN 3-921778-50-6   DM 13,80

Dieses Buch berichtet von tiefen Selbsterfahrungen. Und ich wünsche ihm so viele Leser wie irgendmöglich. Denn dieses Buch vermittelte mir ein ganz neues Verhältnis zu mir selbst. Ich verstehe mich jetzt anders, bin mir zum Freund geworden. Mein Verstehen ist liebevoller und freundlicher.   *Bettina Freud*

Für wen hältst Du Dich?

Bist Du wer,
bist Du der,
für den Du Dich hältst?
Ist es der,
der Du sein solltest?
Ist es der,
der Du sein wolltest?
Kannst Du Dir in die Augen sehen,
ohne zu erröten?

Was tun wir nicht alles, **um nicht mit anderen ver-
wechselt zu werden,** um uns gegen andere äußerlich
abzugrenzen, um einmalig zu sein. Dabei könnte ein
Blick in den Spiegel uns eigentlich beruhigen: Dein
Gesicht gibt es nur einmal, weil es Dich nur einmal
gibt. Wenn Du doch nur mehr Vertrauen haben könntest zu Deiner Einmaligkeit, dann bräuchtest Du nicht
so viel Energie darauf verwenden, um Dich von anderen zu unterscheiden.

Manchmal ist mir als ob

Manchmal ist mir als ob
ich mich selber spielte.
Manchmal ist mir als ob
ich gar nicht ich wäre.
Manchmal ist mir als ob
ich mir selbst zuhörte.
Manchmal ist mir als ob
ich mir selbst davonliefe.
Manchmal ist mir als ob
ich mich selber ermordet hätte.
(Ist Dir auch so, manchmal?)

WER sich selbst nicht hat,
der hat wenig,
so viel, so viel
er auch sonst haben mag.

Am Ende der Erziehung

Nachdem man Dir jahrelang beigebracht hat,
andere ernster als Dich selbst zu nehmen,
mehr auf andere zu hören
als auf Dich selbst,
anderen mehr zu vertrauen
als Dir selbst,
bist Du dann soweit,
so kaputt,
wie sie Dich haben wollen. Und
Du kannst nicht mehr sagen,
wer Du eigentlich bist, und
was Du eigentlich willst, und
welche Deine wahren Bedürfnisse sind.

Wie möchtest Du sein? Wie bist Du? Wie bist Du jetzt? Zufrieden mit Dir? Unzufrieden? Sehr unzufrieden? Was tust Du dagegen? Wie lebst Du mit Deiner Unzufriedenheit? Kommst Du mit ihr aus? Habt Ihr Euch aneinander gewöhnt? Seid Ihr Freunde geworden?

Der Fremde

Der Fremde,
der Dir der andere ist,
der andere Mensch,
der an Dir vorübergeht,
der neben Dir
auf der Straße geht,
an der Kreuzung steht.
Steht mit seinem ganzen Lebensweg.
Und der Fremde,
der Du Dir selber bist (geworden!),
weil Du Dich
vergessen hast,
weil sie Dich dazu gebracht haben,
Dein Selbst zu ermorden,
für sie,
wie sie.

Was ist die Wirklichkeit für Dich?
Diese Wirklichkeit jetzt ist ja nicht die einzige Wirklichkeit, die ich kenne. Ich habe andere Wirklichkeiten gekannt: jene, bevor ich laufen konnte, und jene, bevor ich lesen und schreiben konnte, und jene, bevor ich erfuhr, was Liebe ist. Ich habe es an mir erfahren, daß ich die Wirklichkeit von Entwicklungsstufe zu Entwicklungsstufe anders erlebe. Es gibt nicht DIE Wirklichkeit, es gibt nur Wirklichkeitsentwürfe, Wirklichkeitsbilder. UND jeder schafft sich, je nach Entwicklungsstufe, sein inneres Bild der Wirklichkeit und richtet sein Verhalten, sein Denken und Fühlen daran aus. Und jeder Mensch ist stets beides zugleich: Ursache und Wirkung seines persönlichen Wirklichkeitsentwurfes. Und Dein Wirklichkeitsentwurf bestimmt, was Du über Dich und andere erfahren kannst. Jeder macht nur Erfahrungen innerhalb seines Wirklichkeitsentwurfes.
Wirklichkeit ist nichts als unsere Vorstellung von der Wirklichkeit. Diese Vorstellung entspricht selten der jeweiligen realen Situation.

Hilfe!

Nein, ich bin nicht ich selbst. ICH
durfte so lange nicht sein, ICH
oder mich selbst sein, nein.
Zu lange nicht,
so lange nicht,
bis ich mich verlernt hatte.
Schon als Kind mußte ich anders sein,
mußte schon damals der sein, der,
der ich nicht sein wollte, der,
der mußte ich sein, der.
UND der bin ich nun
und habe viel mit ihm zu tun,
mit jenem Fremden, jenem,
der ich nun bin, bin
und nicht sein will. DER,
der nur anderen bekannt vorkommt und der
der so gute Bekannte von Fremden ist,
ihnen so angenehm und so bequem.
Wie werde ich ihn los, IHN,
diesen mir so Fremden,
der allen so bekannt ist,
nur mir nicht, mir nicht, nicht mir.
(Und Dir?)

Hängen Menschen von Dir ab? Wie erlebst Du ihre Abhängigkeit von Dir?
Hängst Du von Menschen ab? Wie erlebst Du Deine Abhängigkeit von ihnen?

An die Macher

Nicht ich habe mich geändert,
Ihr habt mich geändert.
Ihr habt den aus mir gemacht,
der ich heute bin, bin
und so oft nicht sein wollte.
Und doch bin ich geworden so,
so wie ich eigentlich nicht sein wollte,
so wie ich eigentlich nicht sein sollte.
Warum eigentlich? Warum?
Weil ich normal sein sollte,
bis ich normal sein wollte.
Also erfüllte ich Eure Normen,
die Ihr mir vorgesetzt hattet
als meine Vorgesetzten,
Euch zum Nutzen,
mir zum Schaden.
Und zum Schaden
der Hungernden
und zum Hohne
der Friedliebenden
und zur Ausbeutung
der Arbeitenden.

Worauf kannst Du am wenigsten **verzichten?**
Worauf mußt Du trotzdem verzichten?
Worauf könntest Du am besten verzichten?
Was hast Du im Überfluß?

Was ich alles nicht durfte

Wenn ich daran denke,
was ich als Kind alles nicht durfte,
was ich als Schüler alles nicht durfte,
was ich als Student alles nicht durfte,
was ich als Soldat alles nicht durfte,
was ich als Deutscher alles nicht durfte!
Wenn ich daran denke, dann
fällt mir das Verbot ein,
was mir sicher am meisten
und am längsten schadete:
DAS DARFST DU NICHT EINMAL DENKEN!
Und dann denke ich:
Was habt Ihr Euch eigentlich dabei gedacht?
UND
was habe ich mir eigentlich dabei gedacht
DAMALS?

Wünschst Du Dir etwas? Oder bist Du wunschlos? Wenn Du Dir etwas wünschst, was tust Du, um das Gewünschte zu erreichen? Oder hast Du am liebsten Wünsche, die Dir nicht erreichbar sind? Richten sich Deine Wünsche etwa nach Deinen Möglichkeiten? Lebst Du auch in Deinen Wünschen nicht über Deine Verhältnisse? Und wie gehst Du mit den verbotenen Wünschen um? Wo bringst Du sie unter? Wo hältst Du sie versteckt? Wann läßt Du sie zu? Vorwiegend in Deinen Tagträumen? Oder verbietest Du sie Dir, möchtest sie nicht wahrhaben, obwohl Du doch weißt, daß Du sie hast?

Ich?

Ich, ich konnte in vielem,
was ich fühlte und dachte,
worüber ich weinte und lachte,
nicht ich zu mir sagen.
War ich es,
der lächelte, wenn ich traurig war!
War ich es,
der ja sagte,
weil ich Angst hatte, nein zu sagen?
Heute weiß ich,
ich war es nicht.
Eine Marionette war ich,
eine Marionette
der Erwartungen anderer.

WER nicht er selbst ist,
der ist wenig,
so gut wie nichts,
wer er auch sonst sein mag.
(Und mag er der Mann
mit dem höchsten Gehalt der Welt sein.)

Abschied von einem Vorbild

1

Ich war noch gar nicht auf der Welt,
da wußtet Ihr schon,
wer ich zu sein hätte.
Einen Sohn wolltet Ihr haben.
Also wurde ,,es'' ein Junge,
Gott war mit Euch.
Ihr fühltet Euch bestätigt,
endlich hattet Ihr etwas vor Euch liegen,
hilflos und schwach,
angewiesen auf Euch,
ausgeliefert Eurer Liebe,
ausgeliefert Eurem Bild von mir,
ausgeliefert Euren verpaßten Möglichkeiten.
Ich bin sicher,
Ihr habt mich nie angesehen,
Ihr habt mich nie wirklich gesehen,
Ihr habt immer nur den gesehen,
den Ihr Euch gewünscht habt.
Nach Eurem Bilde
mich zu vergewaltigen
nanntet Ihr Erziehung.
Ihr wart ja nun Erzieher,
Erziehungsberechtigte.
Als ob schon der Zufall,
ein Kind zu bekommen,
zu Erziehung berechtigte.

Wie wirken Verbote auf Dich? Wie gehst Du mit Verboten um? Welches Gefühl lösen sie bei Dir aus? Machen Sie Dir Angst? Erinnern sie Dich an Deine Kindheit? Empören sie Dich? Engen sie Dich ein? Fühlst Du Dich ihnen gegenüber ohnmächtig?

Hast Du auch schon bewußt Verbote übertreten? Wie fühltest Du Dich dabei? Wohl oder verkrampft? Ängstlich? Oder fühltest Du Dich wie befreit, nicht mehr so hilflos?

Ziehen Verbote Dich an oder lassen sie Dich gleichgültig? ,,Das Betreten des Rasens ist verboten.'' ,,Das Betreten der Wiese ist verboten.'' ,,Durchfahrt verboten.'' Ärgern Dich diese Verbote? Provozieren sie Dich?

Es ist wichtig, Dir über ALLE Deine Gefühle klar zu werden, die Verbote bei Dir auslösen. Dabei erfährst Du viel über Dich selbst. UND hin und wieder solltest Du ganz bewußt Verbote übertreten und gerade DAS TUN, WAS DU DIR SELBST VERBIETEST und dabei daran denken, immer daran denken, daß Deine Selbstverbote bestimmt einmal Fremdverbote waren: erst wird uns etwas verboten, dann verbieten wir es uns selbst.

So einfach ist das:
Selbst niemals erzogen,
selbst niemals geliebt,
mit der Geburt eines Kindes
werden sich diese großen Fähigkeiten
zu lieben
und zu erziehen
wie von selbst einstellen.
Daß ich nicht lache!

2

Wenn ich Euch so ansehe,
wenn ich mich so ansehe,
wenn ich uns so ansehe,
wenn ich mal davon absehe,
daß Ihr meine Eltern seid —
wie fremd Ihr mir seid!
Fremder als der fremdeste Mensch.
Der fremde Mensch ist wenigstens
doch noch eine kleine Hoffnung
oder eine große.
Euch kenne ich,
da gibt es nichts mehr zu hoffen.

Hast Du Angst? Wenn Du keine oder nur wenig Angst hast, so kann das auch mit dem Ausmaß Deiner Angst zu tun haben, Deiner großen Angst vor Deiner großen Angst, die Du auf diese sozial bewährte Weise abwehrst. Wir alle sind ja darauf trainiert worden, aus Angst vor der Angst die Angst radikal zu leugnen. (Der kleine Junge, der singend durch den dunklen Wald marschiert, die Hosen halb voll, hinter jedem Baum ein Gespenst.)

Wollen wir die Angst besser verstehen, wollen wir?, dann müssen wir sie zunächst einmal zulassen, in uns hereinlassen. Nur so können wir verstehen lernen, was unsere Angst uns sagen, zeigen, raten will.

3

Ja, ja ich weiß,
Ihr wolltet mein Gutes.
Ihr habt es Euch genommen,
Ihr habt mein Gutes mißbraucht,
Ihr habt mein Gutes verkrüppelt.
Ihr habt
einen Sohn haben wollen,
den Ihr lieben konntet,
lieben konntet
auf Eure verkrüppelte,
verkrüppelnde Art.
Nach der Opfertheorie
dürfte ich Euch nicht böse sein.
Ihr wolltet mein Bestes
und das war,
war das Schlechteste für mich.

SELBST-MORD?

Freitod... Entselbstung... Selbstvernichtung... Selbst-
zerstörung... Selbsttötung... **Spürst Du es,** wie ein jedes dieser Worte eine andere Beziehung zu dieser
Handlung herstellt, einen anderen Sinn? Spürst Du
es? Und erkennst Du im Wort Selbstmord den Versuch, den kriminellen Versuch, aus dieser Handlung
eine kriminelle Handlung zu machen, DEIN SELBST
zu morden. Es soll der Mensch, der sich selbst tötet,
auf eine Stufe mit Mördern gestellt werden.

Das Wort Selbstmord beschreibt in Wirklichkeit den
Versuch von Kirche und Staat, Dein Selbst zu ermorden. Der Mensch, zum Eigentum der Kirche und des
Staates erklärt, er durfte sich nicht mehr länger selbst
gehören, mußte sich selbst enteignet werden; Du gehörst nicht Dir, sondern mir, der Kirche, dem Staat.
Das ist die verlogene Moral dieses Wortes. Nicht länger durfte die Selbsttötung als legitimes Recht des ein-
zelnen angesehen werden.

Darum gehört zum Nachdenken über den Sinn der
Selbsttötung, daß wir das Wort Selbstmord aus unserem Sprachgebrauch streichen und nicht mehr in seinem bisherigen Sinn gebrauchen. Die SELBST-
MÖRDER sind Staat und Kirche. Genau dies ist der
wirkliche Sinn, der historische Sinn des Wortes.

Lassen wir nicht länger unser Selbst von ihnen morden, nehmen wir uns wieder selbst in Besitz, gehen wir
zur Selbstverteidigung über.

4

Ja, ja ich weiß,
Ihr konntet nicht anders,
ich weiß (wer wüßte das nicht!).
Doch das Wissen,
es hilft mir nicht,
hilft Euch nicht,
hilft anderen nicht,
hilft überhaupt nicht.
Es ist ein Wissen,
das hilflos macht,
das hilflos machen soll.
Liebet Eure Feinde!
(Auch so eine Lüge,
die Dich fertigmachen soll.)

5

Ordnung muß sein,
Gefängnisse müssen sein,
Erziehungsanstalten müssen sein,
damit Ihr sein könnt.
Ihr sperrt die ein,
die Euch nicht ernst nehmen können,
und wer könnte euch ernst nehmen?
Außer, er wäre ein Erziehungsprodukt
von Euch niemals erzogenen Erziehern.

Was erwartest Du vom Leben? Was bekommst Du vom Leben? Bist Du zufrieden mit dem, was Du bekommst?
Wenn nicht, was tust Du, um zu bekommen, wonach Du Dich sehnst?

6

Seid Ihr glücklich?
Nicht einmal nach Euren Vorurteilen
von Glück und Liebe
habt Ihr es geschafft,
glücklich zu sein
und zu lieben.

7

Die Qualmaschine läuft
nur darum so hoffnungslos perfekt,
weil Ihr uns
früh genug
in die Finger bekommt.
Gibt es etwas Hilfloseres
als ein neugeborenes Kind?

Selbsttötung? Ist die Möglichkeit der Selbsttötung ein „normales" Gesprächsthema für Dich? Wenn Du hörst, daß sich in der BRD alle 45 Minuten ein Mensch selbst tötet, welche Gefühle löst das bei Dir aus? Fühlst Du Dich mitverantwortlich für diese Gesellschaft mit einer der höchsten Selbstmordraten der Welt? Oder überwiegen Deine Ängste: wenn so viele sich selbst töten, könnte ich es ja eines Tages auch tun, also bloß nicht daran denken? AUS FEIGHEIT, zwecks Abwehr der eigenen Angst verurteilen viele Menschen die Selbsttötung als Feigheit.

Und Du, wolltest Du Dich schon einmal selbst töten? UND wie sehr hing der Wunsch mit Dir zusammen? Wie sehr mit anderen? Sollte Dein Tod ein Signal sein für andere, vielleicht als Vorwurf gedacht, als Rache? Oder hattest Du Deinen Tod als letzten Versuch gedacht, eine gestörte oder beendigte Beziehung durch Trauer und Schuldgefühle über Deinen Tod hinaus wieder herzustellen, zu verewigen? Oder hing der Wunsch zu sterben mehr mit Dir zusammen? Konntest Du in diesem Leben (!) einfach keinen Sinn mehr sehen? Wolltest Du, endlich, für immer Ruhe haben, an nichts mehr denken, Dich um nichts mehr kümmern müssen? Vielleicht so etwas wie eine schlaue Rückkehr in die Geborgenheit des Mutterschoßes und der Kindheit? Oder sollte Dein Tod ein Problemlösungsversuch sein? Oder wurde Dir der politische Wahnsinn des Wettrüstens und der Umweltzerstörung und Deine Ohnmacht diesem Wahnsinn gegenüber UNERTRÄGLICH? War es für Dich zu qualvoll, weiter so erfolglos gegen diesen Wahnsinn, den sie Normalität nennen, anzukämpfen, anzudenken, anzuleben?

8

Ist Euch schon aufgefallen,
daß Ihr jedesmal,
wenn Ihr Euch als Erzieher aufspielt,
diese Hilflosigkeit des Kindes
künstlich wieder erzeugt?
Ihr braucht es,
zu bevormunden,
zu entmündigen,
anzuschnallen und einzusperren,
die Fenster zu vergittern.
Worte wie Liebe und Verstehen —
ebenfalls vergittert
hinter Eurem Denken:
wie jemand zu sein hat,
den Ihr lieben
und achten wollt.
Und könnt nicht einmal
Euch selbst lieben,
Euch und Euresgleichen.

WER es nicht zu sich selbst bringt,
der hat es **zu nichts gebracht,**
so weit, so weit
er es auch sonst gebracht haben mag.
(Nenn mir den Menschen,
der es am weitesten gebracht hat.)

9

Beinahe hättet Ihr es geschafft,
beinahe wäre ich einer geworden,
einer wie Ihr,
ein Normaler wie Ihr,
ein Gehorsamer wie Ihr,
ein Lügner wie Ihr.
Gerettet hat mich
der Zusammenbruch Eures tausendjährigen Reiches.
Gerettet hat mich
der Hunger im Gefangenenlager,
die 20 bis 30 Hungertoten täglich:
Friedhofskommando raustreten!
Alle drängten zum Friedhofskommando.
Beim Friedhofskommando
gab es Extraverpflegung,
die Hungertoten waren eine Lebensgarantie.
Doch es gab auch Dicke im Lager:
Dick wurden schnell die Ärzte und Pfarrer und
die Angehörigen der Lagerleitung und Lagerpolizei.

,,Waren die Gaskammern der Nazis nicht humaner als die Atom- und Napalmbomben der Amis?!'', entrüstete sich in einer Diskussion ein Mann von etwa 60 Jahren. UND wie entlastest Du Dich von der **Mitverantwortung für diese Welt?**

Jeder neue Mensch weckt neue Schuldgefühle.

10

56 Millionen Tote,
6 Millionen ermordete Juden,
2 Weltkriege
innerhalb von 25 Jahren.
Und wie sieht die Welt heute aus?
Eure stinknormale Welt!
Ihr habt so viele Bomben produziert
für Euren Frieden,
daß auf jeden Menschen
20 Tonnen Dynamit kommen
und Ihr diese Welt
bequem durch Knopfdruck
in die Luft jagen könntet.
Eines Tages,
eines Abends
werdet Ihr es tun!
Es ist doch normal.

Wovor oder von wem, wodurch fühlst Du Dich am
stärksten **bedroht?** Wovor oder vor wem hast Du am
meisten Angst?

Moral der Moral

So lautet des Friedens Moral
im Schatten der Bomben:
Wer als erster schießt,
stirbt als zweiter.
Und weiter zum Thema Moral:
MORAL nach den 56 Millionen Toten
innerhalb von 6 Jahren?
MORAL nach den 6 Millionen
von den Moralisten ermordeter Juden?
MORAL bei den 3.000 Menschen,
die in jeder Stunde verhungern müssen?
Müssen, warum eigentlich?
Müssen, für wen eigentlich?
Die Moral dieser Moral?

Hast Du gegen bestimmte innere oder äußere **Angstsig-nale** bestimmte wirksame Rituale entwickelt? Wie erklärst Du Dir die Wirkung dieser Angstbeschwichtigungsrituale?

Irgendwo im Nirgendwo der Statistiken?

Wenn es auch Dir nicht geschehen ist,
wenn es auch mir nicht geschehen ist, trotzdem
nicht nur im Nirgendwo der Statistiken
geschah es:
irgendwo geschah es wirklich.
Irgenwo geschieht es wirklich,
auch jetzt, jetzt auch, jetzt:
jetzt verhungern Menschen, jetzt.
3.000 in jeder Stunde,
auch in dieser Stunde, jetzt,
während ich mich sorge um mein Idealgewicht.
Jetzt werden Menschen gefoltert, jetzt.
Jetzt werden Menschen erschlagen, jetzt.
Jetzt flüchten Menschen, jetzt,
während ich mich gleich schlafen lege
und hoffentlich nicht einschlafen kann.
Wer weiß denn,
was es heißt für ihn und diese Welt,
daß in jeder Stunde
3.000 Menschen verhungern
UND nicht verhungern müßten,
wenn wir es wirklich wüßten,
was das heißt für uns,
für uns und diese Welt.
Und wir haben nicht
die Entschuldigung des Nichtwissens.

Hältst Du die Frage nach dem **Sinn des Lebens** für eine wichtige Frage?
Wenn ja, worin liegt ihre Bedeutung für Dich?
Wenn nein, welche Fragen sind Dir wichtiger?

So nicht

1

Sie denken so,
wie sie denken,
daß die anderen denken.
Sie sehen sich so,
wie sie meinen,
daß die anderen sie sehen.
Sie achten sich so,
wie sie glauben,
daß die anderen sie achten.

2

Und sie handeln so,
daß sie sich so sehen können,
wie sie wissen,
daß MAN sie sehen möchte.
Und sie leben so,
daß sie sich so erleben können,
als ob sie einer von denen wären,
die reich sind und erfolgreich.
Und so stellen sie selbst
ihre eigene Armut,
ihre eigene Lebenslüge her.

Die Fähigkeit erweiterter Selbstwahrnehmung üben und üben. Dich auch dann, gerade dann, wahrnehmen, wenn Du wütend oder verzweifelt bist.

Was macht Dein Körper, wenn Du Dich freust? Und wenn Du traurig bist? Bleibst Du in Beziehung zu Deinem Körper, wenn Du kalte Hände bekommst, Herzklopfen, Spannungsgefühle in Deinem Kopf, Herzschmerzen, nicht schlafen kannst? Wie berücksichtigst Du seine Reaktionen? Was machst Du mit ihnen? Wie gehst Du mit ihnen um? Verdrängst Du sie? Verleugnest Du sie? (Hast Du schon bemerkt, daß Du gerade dann rot wirst, wenn Du nicht rot werden willst?)

Lernst Du etwas aus den Reaktionen Deines Körpers? Lernst Du Dich dadurch besser kennen? Beziehst Du Deinen Körper in Deine Selbstwahrnehmung ein? Hörst Du auf Deinen Körper? Oder tust Du so, als ob Du nur aus reinem Willen beständest?

Du sollst Dir kein Vorbild machen

Sie bedecken ihre Herzen
mit Orden
und denken,
sie dürften kein Herz mehr haben.
Sie bedecken
ihre Köpfe
mit Doktorhüten
und denken,
sie dächten.
Sie bedecken ihre Hintern
mit kostbaren Stoffen
und meinen,
sie hätten keinen Hintern mehr.

Wie schläfst Du? Leidest Du an Schlafstörungen? Dann frag Dich doch mal, was das sein könnte, das Dich vom Schlaf abhält. Du solltest Dir die Mühe machen, Deine Antworten, ALLE Antworten aufzuschreiben, die Dir einfallen. Diese Antworten werden mehr helfen als Schlafmittel.

Überleg Dir, was mit Deinem Leben nicht in Ordnung ist, womit Du nicht fertig werden kannst, wovor Du die Augen verschließt, wovor Du davonläufst. Woran Du am liebsten nicht denken magst, gerade daran solltest Du denken, ohne Dich daran festzugrübeln. Doch denk darüber nach, was Du konkret tun könntest, um dieses Problem zu lösen. Und Du mußt nicht gleich morgen oder übermorgen das ganze Problem zu lösen suchen. Hab Geduld mit Dir. Mach kleine Schritte. Fang damit an, was Dir am leichtesten fällt in diesem Zusammenhang. Und Du wirst Dich nicht mehr so unter Druck gesetzt fühlen.

Gute Nacht!

So als ob

Das So-tun
als ob nichts ist,
wo etwas ist.
Das So-tun
als ob etwas ist,
wo nichts ist.

Hast Du (auch) manchmal das deutliche Gefühl, Du könntest **andere Menschen viel besser verstehen als Dich** selbst? Was glaubst Du, was macht es Dir denn so schwer, Dich zu verstehen? Warum vermeidest Du es, gründlicher über Dich nachzudenken, genauer, gewissenhafter? Fürchtest Du die Ergebnisse? Fürchtest Du, Du müßtest Dir und anderen Schwächen eingestehen? Bedroht ein Nachdenken über Dich selbst Dein Selbstgefühl?

Auf die Dauer wirst Du nicht darum herumkommen, über Dich selbst nachzudenken. Denn um Deine wirklichen Wünsche und Deine wahren Bedürfnisse kennenzulernen, mußt Du Dich selbst erst einmal richtig kennenlernen.

Das macht mir Angst

1

Mir macht Angst,
wie ich mit meiner Angst umgehe,
was ich mit meiner Angst mache,
wie ich mit meiner Angst lebe,
wie ich meine Angst fühle
(sie fühlt sich kalt an),
wie ich meine Angst denke.
(Ich denke um sie herum.)

2

Und ich tue so,
immer wieder so als ob
als ob ich keine Angst hätte.
Sobald ich Angst fühle,
bemühe ich mich so zu handeln,
als hätte ich keine Angst.
(Diese elende Tapferkeit aus Feigheit!)

3

Und noch mehr Angst
als meine eigene Angst
macht mir die Vorstellung Angst,
die anderen könnten es merken,
daß ich Angst habe.

WER sich selbst fehlt,
dem fehlt alles,
auch wenn, wenn
ihm sonst nichts fehlen mag.

4

Lebensangst und Todesangst,
Menschenangst und Zukunftsangst,
Weltuntergangsangst.
Angst, allein zu sein,
Angst, unter Menschen zu sein,
blind vor Angst.

5

Wie angstvoll ich reagiere
auf meine Angst: überängstlich.
Ich bin unfähig,
eine angstfreie Beziehung
zu meiner Angst aufzunehmen.
Ich lehne meine Angst ab.
Und ich tue so,
als gehörte meine Angst nicht zu mir,
als wäre meine Angst
nicht meine Angst.

6

Die erste Fassung des Gedichtes,
sie meinte Euch:
Mir macht Angst,
wie Ihr mit Eurer Angst umgeht,
was Ihr mit Eurer Angst macht...

Die Vernichtung ist gesichert. Die Vernichtung ist hundertmal gesicherter als der Friede. Und die Vernichtung wird zunehmend sicherer, immer perfekter, perfekter durch immer grauenhaftere, neuartigere, „effektivere" Waffen.

Und das ist nicht weiter verwunderlich. Fünfzig Prozent der Forscher werden von der Kriegsindustrie bezahlt.

Wir hören, daß wir sparen müssen, sparen wie nie. Überall wird eingespart. Wir hören, der Verteidigungsetat der BRD ist im letzten Jahr, am 17. Dezember 80, noch einmal erhöht worden: von 40,5 auf 41,3 Milliarden DM. Vierundsiebzig Prozent der Forschungsmittel fließen in die Kriegsindustrie.

Warum diese fieberhafte Entwicklung tödlicher Waffen? Um die Vernichtung zweihundertfach zu sichern?

Besoffen von Verdrängungen

Das gute Gewissen
als Verdrängungsleistung.
Das heitere Vergnügen,
die fröhliche Ausgelassenheit
als Verdrängungsrausch.

Gibt es **Redewendungen,** die Dir schwer erträglich
sind? Kannst Du begründen, was Du gegen sie hast?
Schließ die Augen und sprich alle diese Redewendungen, die Dir einfallen, laut und deutlich aus. —
Was ist dadurch bei Dir bewegt worden?

Ich bin ganz unruhig

Manchmal nachts
bin ich ganz unruhig
und kann nicht ruhig werden,
so wie jetzt, so wie heute nacht. DENN
gegen meine Empörung, meinen Zorn
gibt es keine Einzel- und Gruppentherapie.
Und wenn ich mich an die Ursachen erinnere,
die Ursachen für meinen Zorn,
die Gründe für meine Empörung,
werde ich noch zorniger,
werde ich noch unruhiger.
Ich kann und will nicht ruhig leben
mit dem Wissen,
diesem quälenden Wissen,
daß in jeder Stunde 3.000 Menschen verhungern UND
daß dabei so viele ruhig, ruhig
werden, sein und bleiben wollen:
ganz ruhig, ganz ruhig. UND
das gerade macht mich ganz unruhig,
denn eben diese Ruhe der Verdrängung,
diese kranke Verdrängungsruhe ist ja
die Krankheit zum Tode dieser Welt,
in der wir uns gegenseitig totschlagen,
belügen, betrügen und ausbeuten,
Gebete und Friedensreden dabei verübend.

Wer ist der andere?
Ich bin der andere für Dich.
Du bist der andere für mich.
Darum glaube mir, der andere ist wie Du. Ich habe die
gleichen Wünsche wie Du, die gleiche Hoffnung, fühle die gleiche Ohnmacht, die gleiche Angst.

Unser Leiden Christi

Von allen Leiden
ist das Leiden an sich selbst
das quälendste Leiden.
(Das Leiden an anderen,
das Leiden am eigenen Körper,
das Leiden an der eigenen Ohnmacht
den politischen Zuständen gegenüber.)
Wieviel Leiden,
wieviel Willkür,
wieviel Ungerechtigkeiten und Gemeinheiten,
wieviel Verrat und Morden,
seit Christus ans Kreuz geschlagen wurde.
Und da sind viele Menschen,
Gottessöhne wie Du, Christus,
Menschensöhne wie Du, Christus,
die wohl mehr gelitten haben als Du.
Mit diesem Mehr-gelitten
will ich Dein Leiden nicht klein machen.
Doch seit sie Dich ans Kreuz schlugen
haben sie Fortschritte gemacht,
Menschen wie Dich leiden zu lassen.

Für jede Antwort, wenigstens, eine Frage suchen.

Die Hammerschläge der Kreuznagler
sind übergegangen in die Hammerschläge
der Maschinenpistolen und Maschinengewehre,
in die Amboßschläge der Bomben.
Einzelkreuze für dies Massenleiden,
das ginge heute im Leidensmaschinenzeitalter
nicht mehr.
Die Welt hallte wider
Tag und Nacht
von Hammerschlägen.
Und wir könnten die Welt nicht mehr sehen
vor lauter Kreuzen:
Wälder von Kreuzen.
Und Tag und Nacht
die spitzen Schreie der Gekreuzigten
und das satte Lachen der Selbstgerechten,
die ihr Pharisäerrecht
für Gerechtigkeit halten.

Ändere Dein Denken!
UND Deine Gefühle
UND Dein Verhalten werden folgen.
Ändere Deine Gefühle!
UND Dein Denken
UND Dein Verhalten werden folgen.
Ändere Dein Verhalten!
UND Deine Gedanken
UND Deine Gefühle werden folgen.
Ändere Dich!
UND die Welt wird Dir folgen.
Ändere die Welt!
UND Du wirst Dich ändern — müssen.

**Andenken an und
gegen Denkgewohnheiten**

Andenken an
und gegen alles Leid
in dieser Welt.
(Vom Leiden im Jenseits
sollten Lebende nicht sprechen.)
Dieses Leiden, dieses Leiden,
das der Mensch dem Menschen bereitet,
ist ein besonderes Leiden,
ist unser aller Leiden,
ist unser täglich Brot,
wenn wir hinsehen und hinhören,
nachdenken und mitfühlen.

Liebe Leserin, lieber Leser, alle Fragen, die ich Dir stelle, stelle ich natürlich gleichzeitig auch mir. Bücher sind für mich Gespräche, nicht Selbstgespräche, Dialoge, nicht Monologe. Und ich hege und pflege die verwegene Hoffnung, daß vielen meiner Leser neue Fragen einfallen werden. Und wer Lust bekommen haben sollte, mir Fragen zu stellen, der kann sicher sein, daß ich mich seinen Fragen stellen werde, ist doch jede Frage eine Möglichkeit, mich besser kennenzulernen.

Werner Sprenger
Haus Kaltwasser
D-7801 St. Ulrich

Bitte

Willst Du über Dich selbst nachdenken,
vergiß Worte wie diese:
Selbstmord, versuchter Selbstmord...
Vaterland, Heldentod, Denkmal...
Willst Du über Dich selbst nachdenken,
vergiß Sätze wie diese:
Wenn das alle täten...
An die Zukunft denken...
Für die Kinder leben...
Damit sie es besser haben...
Dich abfinden lernen...
MARX hat gesagt...
JESUS hat gesagt...
Meine Mutter hat gesagt...
denn sie sind es,
die Dir beibrachten,
Dich zu vergessen.
Sie sind die geheimen Mörder
jeder Selbstentwicklung.

Welche **Regeln** im Umgang mit anderen sind Dir wichtig? (Pünktlichkeit, Aufrichtigkeit, Ehrlichkeit, Höflichkeit, Gleichwertigkeit der Bedürfnisse?) Von welchen Regeln erwartest Du, daß sie unbedingt eingehalten werden müssen? Welche Regeln sind Dir weniger wichtig? Wie erlebst Du andere Menschen, wenn sie sich nicht an die Regeln halten? Wie erlebst Du Dich, wenn Du Dich nicht an Regeln hältst? Hinterfragst Du den Sinn der Regeln, die Du befolgst? Oder stehst Du auf dem Standpunkt: da nun einmal die Regeln da sind, müssen sie befolgt werden?

Regel für den Umgang mit Regeln: Was macht Regeln im Umgang mit Menschen notwendig? In gewisser Weise ähneln sie den Straßenverkehrsregeln, die es erst ermöglichen, mit den immer wiederkehrenden Schwierigkeiten im Verkehr so umzugehen, daß möglichst wenige Verkehrsteilnehmer zu Schaden und möglichst viele zu ihren Zielen kommen. Wir alle haben schon beobachtet, wie schnell der Verkehr zusammenbricht bei Ausfall dieser Regeln.

BEDINGUNGEN dieser wie aller Regeln sind die Gleichwertigkeit der Menschen (Verkehrsteilnehmer) und die Gleichwertigkeit ihrer Bedürfnisse — vor Rot sind alle Autos gleich. Aus den gleichen Gründen und unter den gleichen Voraussetzungen regeln die Umgangsregeln die unterschiedlichsten Bereiche unseres Zusammenlebens.

Grundsätzlich keine Regel anerkennen, die gegen die Grundsätze der Gleichwertigkeit der Bedürfnisse oder gegen die Gleichwertigkeit der Menschen verstoßen.

Grundregel: Die Regeln verneinen, die Deine Bedürfnisse verneinen. UND darüber diskutieren, diskutieren mit dem Ziel sie zu verändern, um so am Prozeß der Regelbildung beteiligt zu sein.

Der Wahn der Normalität

,,Du bist ja nicht normal!
Das ist ja nicht normal!
Bist Du denn verrückt?!
Bist Du denn noch normal?!''
DAS sind die Zwangsjacken,
die sie jedem überstreifen,
der ihre Normen
in Frage stellt.
Nein, sei nicht normal,
sei nicht normal,
wenn die Normen
Dich Dir entfremden,
Dir Deine Wünsche verbieten,
Deine Sehnsüchte verhöhnen,
Dein Gewissen mit Füßen treten.
Dann, sei nicht normal!
Und wo immer Du Normen begegnest,
frag Dich zuerst:
Wer hat sie aufgestellt?
Wem nützen sie?

Jeder Mensch denkt mindestens einmal am Tage an Sex. Und Du? Und redest Du gerne über Sexualität? Und siehst Du in Filmen gerne Sexszenen und in den Zeitungen gerne Sexbilder? Und wie gehst Du mit Deinen sexuellen Gefühlen um? Was tust Du mit ihnen? Was tust Du mit ihnen nicht?

Sexualität will sein, will sich verkörpern, verkörpern in unseren Körpern, nicht nur im Papier (Papiertiger, Sextiger) und in Worten. Dieses endlose Gerede über Sexualität zerstört und pervertiert die sexuellen Gefühle. Alle Worte können keine Ahnung von der Lust und der Zärtlichkeit vermitteln, welche durch die körperliche Vereinigung gezeugt werden.

UND Sexualität umfaßt viel mehr als nur die Geschlechtsorgane, sie umfaßt den ganzen Körper, ja, den ganzen Menschen. Denn sie ist die tiefste Form der Begegnung zwischen Menschen, die intensivste Art der Kommunikation, die intimste, die offenste. Sexualität ist nur EINE Form von Kommunikation. Und die genitale Sexualität ist nur eine von den vielen möglichen Formen.

Schon in gewöhnlichen Gesprächen werden nur vierzig Prozent der Gesprächsinhalte durch Worte übermittelt, der ,,Rest'' durch die Körpersprache.

Sag nicht ja, wenn...

Versuch nicht zu wissen,
was Du nicht weißt.
Versuch nicht zu wollen,
was Du nicht willst.
Versuch nicht zu sein,
der Du nicht bist.
Versuch nicht zu lächeln,
wenn Du weinen möchtest.
Versuch nicht ja zu sagen,
wenn Du nein sagen willst.

Und nun eine ganz intime Frage — Du brauchst ja nicht weiterlesen: Befriedigst Du Dich selbst? Und bist Du mit Dir selbst zufrieden, also selbstzufrieden, wenn Du Dich selbst befriedigst? Oder bist Du dabei nicht zufrieden mit Dir? Ein unzufriedener Selbstbefriedigter, eine unzufriedene Selbstbefriedigerin?

Versuch doch mal die Gründe für die Gefühle der Scham, der Bedrohung, des Abscheus, der Angst zu ergründen. Hilfreich wird Dir dabei sein, wenn Du in alte medizinische Lehrbücher hineinsiehst oder Moralpredigten liest. Sprich mit anderen darüber, mit anderen Selbstbefriedigern.

(Selbstbefriedigung wird nach der heutigen Lehrmeinung überwiegend gesehen als eine Selbsterfahrung der sinnlichen Qualitäten des eigenen Körpers, als eine Möglichkeit, zu sich selbst zärtlich und liebevoll zu sein und sich selbst, mit Hilfe des eigenen Körpers, zu entspannen, sich selbst Trost und Geborgenheit zu geben und Selbstwertgefühl. In heutigen Lehrbüchern ist die Selbstbefriedigung eine wertvolle Voraussetzung anderer befriedigender sexueller Partnerbeziehungen. Denn wer sich nicht lustvoll selbstbefriedigen kann, kann auch anderen nicht befriedigend Lust vermitteln. Nur was ich mir selbst geben kann, kann ich auch anderen geben.)

Selbstverbot

Jedesmal,
jedesmal, wenn Du Dir verbietest
traurig zu sein,
wenn Du doch traurig bist,
jedesmal, wenn Du Dir verbietest
(warum verbietest?)
zu weinen,
wenn Du doch weinen möchtest,
verbietest zu lachen,
wenn Du doch lachen möchtest —
jedesmal dann,
dann jedesmal
verbietest Du,
verbietest Du
Dich Dir selbst.
(Warum glaubst Du,
daß Du nicht erlaubt bist?)

Wenn Du Dir etwas sehr wünschst, dann achte mal bitte nicht nur darauf, was Du alles unternimmst und tust, um das Gewünschte zu erreichen, achte viel aufmerksamer darauf, was Du alles tust und unternimmst, um das Gewünschte NICHT zu erreichen.

Sei nicht zu einsichtig

Sei nicht zu einsichtig!
DENN
häufig verwechseln wir
die Einsicht in uns selbst
mit der Einsicht
in die Ansichten anderer Leute
über uns selbst.
(Die Absichten hinter den Ansichten
der anderen einsehen lernen.)

Wie gut oder wie schlecht gelingt es Dir, **Beziehungen zu anderen Menschen** aufzunehmen? Wenn Du einen Menschen magst, kannst Du es ihm zeigen oder sagen, daß Du ihn magst und daß Du ihn gerne näher kennenlernen möchtest?

Wenn nicht, was macht es Dir denn so schwer oder unmöglich, es ihm zu sagen? Ist es die Angst, der andere könnte Dich ablehnen? Kannst Du nur auf einen Menschen zugehen, von dem Du ganz sicher bist, er wird Dich annehmen, akzeptieren? Muß der andere Dir zuerst zeigen, daß er Dich mag, ehe Du ihm zeigen kannst, daß Du ihn magst? Wenn ja, versuch es doch mal anders herum.

Und wenn Du merkst, daß Deine Worte den anderen nicht erreichen, Du ihm nicht sagen kannst, was Du ihm sagen willst, macht es Dich so mutlos, daß Du aufhörst zu sprechen und schweigst? Oder sprichst Du Deine Wahrnehmung aus, damit der andere weiß, daß Du das Gefühl hast, ihn nicht zu erreichen und wie wichtig es Dir ist, von ihm verstanden zu werden?

Wahrheit der Wahrheit

1. Deine:
2. seine:
3. ihre:
4. Eure:
5. Ihre:
6. unsere:
7. meine Wahrheit.

Wenn die Begegnung mit einem Menschen **Ärger** in Dir hervorruft, wie gehst Du mit diesem Ärger um? Was machst Du aus ihm? Wie (verzerrt) nimmst Du jemanden wahr, wenn Du Dich über ihn ärgerst — UND wie (verzerrt?) nimmst Du Dich dabei wahr? Ärger läßt sich zum Beispiel verwandeln in mehr Selbstwahrnehmung oder in Freude oder in Wut.

Sei unberechenbar

Wenn Du willst
(und das willst Du doch?),
daß MAN endlich aufhört,
über Dich zu verfügen,
über Dich zu bestimmen,
mit Dir statistisch zu rechnen
bei ihren Kriegs- und Todesspielen,
wenn Du das wirklich willst,
dann lern auch die Lebenskunst,
Dich unverfügbar zu machen,
unbestimmbar zu werden,
unberechenbar zu sein.

Normal?

Dieser schreckliche Zustand von Lebenslügen und Gewöhnung an den Wahnsinn der Rüstung, der Butterberge, der Überproduktion von Lebensmitteln, die teils teuer gelagert, teils teuer vernichtet werden müssen, dieser schreckliche Zustand von Lebenslügen und tagtäglichem Wahnsinn, den wir uns angewöhnt haben, normal zu nennen.

Paß Dich nicht an

Paß Dich nicht an!
Darauf kommt es an,
Dich nicht anzupassen,
nicht passend zu werden.
Worauf es ankommt:
Dich nicht anzupassen.
Denn Du bist nicht geboren worden,
nur um zu sterben.
Sei ruhig anders,
anders als die anderen
es von Dir erwarten.
Erfüll Deine eigenen Erwartungen.
Sei ruhig anders.
Und sie werden es aufgeben,
Dich einzuordnen,
sich auf Dich zu verlassen,
Dein Handeln voraussehen
zu wollen.

WER sich selbst verläßt,
um anderen verläßlich zu sein,
der kann sich nie mehr,
nie mehr auf sich selbst verlassen.
Und er wird immer verlassen sein.

Mach selbst etwas

Mach selbst etwas. UND
vor allem, mach etwas aus Dir,
aus Deinem Leben,
aus Deinen Möglichkeiten,
aus Deinem Sosein.
Es gibt Dich nur einmal.
Und laß nichts
aus Dir machen,
nichts mit Dir machen,
nichts für Dich,
nichts gegen Dich,
nichts von Dir machen.
Und laß Dich nicht
zu etwas machen,
was nicht Du bist,
was Dich Dir stiehlt.

1. Orgasmuszwang?

Wie nimmst Du Dich beim Orgasmus wahr? Wie machst Du Dich beim Orgasmus wahr? (Nach Umfragen, bei denen die befragten Frauen anonym blieben, heucheln siebzig Prozent der Frauen ihren Partnern zuliebe den Orgasmus.)

Wie nimmst Du Deinen Partner beim Orgasmus wahr? Wie machst Du Deinen Partner beim Orgasmus wahr? (Etwa, indem Du ihm einen Orgasmus vormachst?)

Wie, denkst Du, nimmt Dein Partner Dich beim Orgasmus wahr? Siehst Du Dich mit seinen Augen? Und wie nimmst Du Dich wahr, wenn es nicht zum Orgasmus kommt? Als Versagerin? Als betrogen? Kommt es zu einem Austausch Euerer Gedanken und Gefühle darüber? Oder sprecht Ihr lieber über die Menschheit und ihre Probleme, um nicht über Euch und Euere Probleme sprechen zu müssen?

Darüber solltet Ihr mal sprechen: Der Orgasmus ist heute etwas, was MAN zwar nicht genau beschreiben, definieren und beweisen kann, den man aber unbedingt erreichen, kriegen, HABEN muß, muß. Bekommst Du ihn nicht, bekommst Du Schuldgefühle, kommst Dir minderwertig vor, unattraktiv. Der Orgasmus wird zum Gefängnis, das die sexuelle Erlebnisfähigkeit einsperrt, einschränkt. Je mehr Du ihn haben willst, desto mehr verkrampfst Du Dich körperlich, desto weniger besteht die Aussicht, ihn zu erleben, denn Lust und Leistungszwang sind unvereinbar.

Ein Gefühl für Dich selbst bekommen

Die Kinderausreden:
Das habe ich nicht getan,
das hat der getan oder jener,
nicht ich, ich nicht.
Diese Kinderausreden
als solche erkennen, erkennen
als Mittel der Selbstentfremdung,
und ein Gefühl dafür bekommen,
daß Du selbst es bist,
der etwas tut
oder nicht tut,
Du selbst,
kein anderer.
Und nur dann
wird Dein Tun
sich mit Freiheit verbinden,
der Freiheit,
auch anders handeln zu können.

2. Vergleichst Du?

Der Geschlechtsakt ist eben nicht immer „dasselbe",
ist nicht eine endlose Wiederholung desselben, derselben Lust, derselben Gefühle. In Wahrheit gleicht kein
Akt dem anderen, genau wie im Leben kein Tag dem
anderen, kein Sonnenuntergang dem anderen gleicht.
Wer jeden Akt als gleich wahrnimmt, der nimmt ihn
eingeengt und nicht voll wahr. Wer vom Orgasmus-
zwang besessen ist, nimmt den Akt sehr eingeengt,
punktuell wahr. Er ist viel zu angestrengt damit be-
schäftigt, ihn zu erreichen, als daß er die unendlich
vielen Vorgänge in seinem Körper wahrnehmen, wahr
machen könnte.

Jeder Akt löst anderes in uns aus, wenn wir offen dafür sind. Die Körper sind zum Glück keine perfekten
Lustmaschinen, die jedesmal genau dieselben Gefühle
produzieren.

Um unsere Erlebnis- und Lustfähigkeit zu erweitern,
müssen wir uns vom Vergleichszwang befreien und jeden Akt als diesen selbst und für sich selbst wahrnehmen, einmalig und nicht als Wiederholung. Ich emp-
fange jeden Akt aus seinem Anderssein und nicht aus
einem Wenigersein oder Bessersein als der oder der.
Mit dieser vergleichenden Wertung werden die Gefühle quälender Unzulänglichkeit und beschämenden
Versagens geradezu zwingend hergestellt. Sie sind ein
Kunstprodukt unserer Köpfe und haben mit der Na-
türlichkeit unserer Körper nichts zu tun.

Vergißdeinnicht

Jeder Mensch ist einzigartig,
einzigartig wie sein Gesicht.
Was heißt das für Dich?
Auch Du bist einzigartig,
so einzigartig wie Dein Gesicht.
Verschenke diese Einzigartigkeit nicht
für das vielzitierte Linsengericht.
Bestehe auf dieser Deiner Einzigartigkeit.
Geh Deinen eigenen Weg.
Denk Deine Gedanken.
Fühl Deine Gefühle.
Wein Deine Tränen.
Lach Dein Lächeln.
Leb Dein eigenes Leben,
denn wie alle Menschen
wirst auch Du ihn sterben müssen,
Deinen eigenen Tod.
(Den nimmt Dir niemand ab.)

Wie stehst Du zu Deinen Träumen? Wünschst Du Dir
Träume? Oder kommen Sie Dir gefährlich vor, über-
flüssig, nicht der Rede wert? Nimmst Du Deine Träume so wenig ernst, daß Du Dich nie an sie erinnern
kannst?
Was sind Träume für Dich? Hast Du schon mal darüber nachgedacht? Kannst Du Dir vorstellen, daß
Träume Botschaften sind, gewissermaßen Briefe, Eil-
briefe und Telegramme Deines Unbewußten, Botschaften, die Dir raten, Dir helfen, Dich schützen, Dir
nützen wollen?
Für mich sind die Träume so etwas wie das dritte Au-
ge, das mehr sieht als meine beiden offenen Augen, so
sehr ich auch die Augen offen halte. Seit ich meine
Träume ernst nehme, nehmen sie mich ernst, sind sie
meine Freunde, Freunde, die mir schon viel geholfen
haben. Von einem Traum weiß ich, daß er mir das Leben gerettet hat.

Lieber keine Ziele

Lieber keine Ziele
als Ziele, die keine sind.
Wenn Dein Leben
seinen Sinn verloren hat,
muß es doch einmal einen gehabt haben.
Und frag nicht mich
nach dem Sinn Deines Lebens.
Frag Deine Traurigkeit,
in der Du ihn spürst.
Diese Traurigkeit ist Deine Hoffnung.

Willst Du lieber sein wie alle anderen oder möchtest Du Dein Anderssein leben?

Bitte, aufrichtig antworten, nicht idealisieren. Denn Untersuchungen zeigen, daß sehr viele Menschen eine große Angst vorm Anderssein haben und sehr beunruhigt darüber sind, wenn andere Menschen ihnen fremd und schwer verständlich sind. Dagegen beruhigt es die meisten Menschen, wenn sie feststellen, daß die anderen genau wie sie selbst sind und sie selbst genau wie andere. Und wir alle haben wohl schon festgestellt, wie schwer es uns fällt, einen uns nahestehenden Menschen nicht verstehen zu können. Wie ängstlich es uns macht und wie traurig, erkennen zu müssen: er ist mir in manchem fremd, in manchem nicht wie ich. Es scheint, daß wir einen Menschen lieben müssen, um ihn aus seinem Anderssein heraus verstehen zu wollen und ihn so sein lassen zu können, wie er ist.

Die Pflicht, andere zu enttäuschen

Jeder Mensch
macht sich ein Bild von Dir:
SEIN BILD.
Und sein Bild von Dir,
das merke Dir,
richtet sich nach dem Bild,
das er von sich hat.
Und die meisten Menschen,
sie halten ihr Bild von Dir
für Dich selber.
Darum hast Du die Pflicht,
die Pflicht Dir selbst gegenüber,
jenen Bildern von Dir
zu entkommen und
die Bildermacher zu enttäuschen,
um Du selbst zu werden,
um Dich selbst nicht zu enttäuschen.
Werde ihnen untreu,
um Dir selber
treu bleiben zu können.

Hallo, Partner?

Die Liebespartnerschaft ist die fruchtbarste Sozialform zwischen Menschen. Wie keine andere soziale Gruppierung will sie und ermöglicht sie eine mitmenschliche Begegnung, eine Begegnung im Wesentlichsten der Menschen. Liebespartner nehmen sich in ihrer Beziehung zueinander qualitativ ganz anders wahr als in allen anderen sozialen Beziehungen. (Liebe macht sehend!) UND sie nehmen sich nicht nur in ihrer Beziehung zueinander anders wahr, SIE MACHEN SICH AUCH ANDERS WAHR, EINER DEN ANDEREN: sie denken, fühlen und handeln anders als in allen anderen ihrer sonstigen Beziehungen.

Und wie keine andere soziale Verbindung stillt die Partnerschaft unsere Grundbedürnisse nach Geborgenheit, nach Zärtlichkeit, nach Aufrichtigkeit, nach Unersetzbarkeit, nach angstfreiem Lieben und Geliebtwerden und nach bedingungslosem Akzeptiertwerden, jeder in seinem jeweiligen Anderssein.

Und das Befreiende, das Eigentliche an der Liebespartnerschaft liegt in der Freiheit. Liebende leiten aus nichts einen Anspruch ab.

Der reichste Mann wäre zu arm, sich Liebe zu kaufen.

Der perfekteste Vertrag kann Liebe nicht garantieren.

Auch Du kannst niemanden zwingen, Dich zu lieben.

Liebe ist immer ein Geschenk.

Richtiges Ende einer falschen Liebe
(Für B.Th.)

Nein, Du hättest Dir von mir
kein Bild machen sollen.
Weil ich Dich nicht verlieren wollte,
darum verlor ich mich, und
sah am Ende so aus
wie Dein Bild von mir.
Je größer die Opfer,
je kleiner die Liebe.

WER sich nicht traut,
zu Ende zu denken,
von dem er weiß,
daß er es zu Ende denken müßte,
kann seinem Denken
nicht mehr, nie mehr vertrauen.

Tödliche Bildbetrachtung

Mehr und mehr
verloren wir uns
aus den geschlossenen Augen.
UND mehr und mehr
sind wir geworden
(ohne uns wirklich zu ermorden),
geworden die Toten,
die Toten,
die wir jetzt sind: WIR.
Geworden zu toten beweglichen Bildern —
von uns abgelöst
wie Schlangenhäute.
UND ohne es zu wollen
(wer will das schon!)
UND ohne es zu merken
(wer merkt das schon!),
trennen uns diese Bilder.
UND weiter als alle Entfernungen
und gründlicher als alle Mauern
trennen sie uns,
diese Bilder in uns,
von uns.
UND versunken in die Betrachtung
der selbstgemachten Bilder
haben wir aufgehört
uns anzusehen: UNS.
(Nicht Bilder von uns,
eine Beziehung mit uns
hätten wir SEIN sollen.)

Kennst Du dieses Gefühl von Alleinsein mitten unter anderen Menschen? Kommt Dir dieses Alleinsein mit anderen vor wie das wirkliche Alleinsein? Wie gehst Du mit diesem Alleinsein um?

Am schmerzlichsten ist diese Erfahrung von Alleinsein in der Zweiersituation. Dann wird sie schnell zur Einsamkeit.

Das äußerliche Alleinsein hat nichts mit Einsamkeit zu tun. Einsamkeit entsteht für mich, wo ich im Gespräch mit Menschen merke, daß wir uns nichts zu sagen haben und gleichzeitig spüre, daß wir daran nichts werden ändern können. Quälend sind jene Gespräche, bei denen die Gesprächspartner entweder nicht merken, daß sie sich nichts zu sagen haben, oder (wie es wohl die Regel ist) so tun als merkten sie es nicht. In solchen Gesprächen kann die Einsamkeit unerträglich werden. Dieses innerliche Getrenntsein bei äußerlich größter Nähe gehört für mich zur schmerzhaftesten Form der Einsamkeit.

Es gibt für mich nur einen Ausweg aus dieser Einsamkeit: ich versuche mit den anderen Herstellern der Einsamkeit darüber zu sprechen. So brauchen wir nicht mehr so tun, als verständen wir uns, als vermittelten wir einander nicht diese verzeifelnde Einsamkeit. Wir können näher an unsere Einsamkeit herangehen, dürfen sie zulassen, können endlich versuchen herauszubekommen, was uns so einsam macht, so hilflos, warum es uns nicht gelingt, diese Einsamkeit aufzulösen.

Wie wirklich ist Wirklichkeit

1. Deine:
2. seine:
3. ihre:
4. Eure:
5. Ihre:
6. unsere:
7. meine Wirklichkeit.

Ich kann nicht, um Deiner Vorstellung von mir zu entsprechen, mich selbst aufgeben und scheinen, was ich nicht bin. Ich kann Deinetwegen nicht zum Schauspieler meiner selbst werden, der ist, was er nicht scheint, und scheint, was er nicht ist.

Durch meine Liebe **habe ich Dich endlich getötet,** Dich, habe Dich erstickt unter meinem Bild von Dir. Jetzt liebe ich Deine Leiche.

Jemanden lieben heißt

Jemanden lieben heißt,
vertrauen zu können
und zu wissen,
daß Glück nichts ist,
was nur zwei Menschen gehört.
Und daß Liebe nichts ist,
was zweien ganz allein gehört.
Wer die Liebe endlich kennenlernt
(Liebe Deinen Nächsten wie Dich selbst!),
der kann sich nicht mehr gewöhnen
an das Totsein der Lieblosen
und ihre kleinmachende Aufseherliebe,
die einsperren und haben will
und aufrechnen und vorschreiben.
Und die Dich gemein verraten wird,
sobald Du aus ihrer Zelle ausbrichst,
davonläufst in die Freiheit,
weil Du Dir nicht fremd werden willst,
weil Du nicht sterben willst,
sondern leben, lieben.

Mein...

Selbst gebildete Menschen, diese Erfahrung mache ich immer wieder, scheuen und schämen sich keineswegs, den Partner oder die Kinder mehr oder weniger bewußt und offen zu ihrem ganz persönlichen Privateigentum zu entwürdigen, mit dem sie tun und lassen, schalten und walten können, wie es ihnen paßt.

Ursache bist Du und Wirkung

1

So viele,
zu viele, die unglücklich sind,
kommen nicht einmal auf die Idee,
daß sie selbst auch das Messer sind,
das Messer, das zusticht.
Sie jammern nur über die Wunden.
Auch Du bist das Messer
und bist die Wunden
UND meist beides zugleich.

2

Laß Deine Gefühle zu,
verbiete ihnen nicht Dein Herz
oder Deinen Kopf
oder Deinen Bauch
oder wo sie sich sonst aufzuhalten pflegen.
Laß ALLE Deine Gefühle zu,
verleugne keines,
doch mißtraue Deinem Schmerz,
mißtraue Deiner Traurigkeit,
wo Du nicht vertraust,
wo Du forderst
oder enttäuscht bist
von ANDEREN.

Das Bild, das Du von Dir hast, bestimmt die Erfahrung, die andere mit Dir machen, und die Erfahrung, die Du mit ihnen machst.

Erkenne

Du gehörst keinem Menschen,
bist keines Menschen Eigentum.
Dir gehört kein Mensch,
kein Mensch ist Dein Eigentum.

Kennst Du **das Gefühl, geliebt zu werden?** Verehrt zu werden? Unersetzbar zu sein? Unverwechselbar zu sein? Wo suchst Du, wo findest Du diese Gefühle?

Frag mich ruhig

Die Angst in Deinen Worten,
die Angst zwischen Deinen Worten,
die Angst hinter Deinen Worten:
so schwer und so gewohnt.
Deine Angst,
verlassen zu werden,
nicht geliebt zu sein.
Du kannst sicher sein:
Ich liebe Dich.
Doch frag mich ruhig,
hör nicht auf mich zu fragen,
bis Dein Hunger gestillt ist
und Du satt geworden bist.
Richte Dich zukunftsfroh ein
in der Wohnung unserer Liebe,
die aber nicht die gewohnte Liebe ist.
Die kein Gefängnis ist.
Und so kannst Du kommen
und gehen, wie es Dir paßt.
Und auch bleiben,
bleiben, solange Du willst.
Für ein Jahr oder
für zehn oder zwanzig Jahre oder
für immer.

Wie begegnest Du wirklichen oder vermeintlichen **Kränkungen** durch die Umwelt? Stimmen Sie Dich heiter? Ärgerst Du Dich darüber? Lassen sie Dich gleichgültig? Werden sie manchmal zu Anlässen, darüber nachzudenken, wie Dein Verhalten auf andere Menschen wirkt und wie Du wirken möchtest, dies mit dem Ziel, Dein Verhalten zu ändern? Was wäre die schwerste Kränkung für Dich?

Überraschungen des Findens

Daß Du auf der Suche
nach Dir selbst bist,
ist noch keine Gewähr,
daß Du Dir nahe bist,
daß Du Dich finden wirst.
Entscheidend ist,
wie Du Dich suchst.
Daß Du Dich nicht suchst
wie die Polizei den Mörder
oder der Jäger das Wild.
Such Dich behutsam,
bleib offen für Dich,
offen auch für die Überraschungen
des Findens.
Und hab Geduld mit Dir,
mit Deinem Anderssein —
anders als gehofft,
anders als erwartet,
anders als erfordert.

WER weiß,
wie er nicht sein will,
der weiß
deshalb noch lange nicht,
wie er sein will.

Sei offen für Dich

Sei offen zu Dir,
öffne Dich Dir — ganz,
ohne Wenn und Aber,
ohne Einschränkung und Beschränkung.
Nimm Dich wahr,
nimm Dich wahr
ohne Wertung.
Denn nur so kannst Du Dich wahrmachen.
Und nur so brauchst Du nicht länger mehr so tun,
als sei Dir fremd und unbekannt,
was Dir nicht fremd ist und nicht unbekannt.

Was bedeutet die Arbeit für Dich persönlich? Stellt sie ein notwendiges Übel dar? Oder ist sie ein wesentlicher Teil Deiner Selbstverwirklichung?

Mach nie einen Teil zum Ganzen.

Leicht gesagt

Lebe nicht
für das Leben,
das einmal sein wird.
Lebe voll,
lebe ganz
im Leben,
das jetzt ist, jetzt.
Sei endlich der,
der Du sein könntest,
wenn Du nur den Mut dazu hättest.
Und verzweifle nicht.
Und hab Geduld mit Dir.
Denn was hier gesagt ist,
ist so leicht gesagt
und so schwer getan.

Wer offen für sich und **aufrichtig mit sich** ist, findet alle Schwierigkeiten, die andere Menschen haben, auch in sich selbst — und noch drei mehr.

Hab Geduld mit Dir

Und wer mit sich selbst nicht Geduld hat,
der hat auch keine Geduld mit anderen.
Und wer sich selbst nicht achtet,
der achtet auch die anderen nicht.
Und wer sich selbst nicht versteht,
der versteht auch andere nicht.
Und wer sich selbst nicht liebt,
liebt andere erst recht nicht.
Und wer sich selbst nicht verzeiht,
wird auch anderen nicht verzeihen.
Und... und immer so weiter:
Und wer sich selbst nichts Guten tut..
und wer sich selbst nicht leiden kann...
und wer sich selbst nicht erziehen kann...
und wer sich selbst nicht riechen kann...

ALTERN, was ist das?

Alter und Tod, es sind in unserer Gesellschaft keine ,,normalen'' Gesprächsthemen. Wer versucht, davon zu sprechen, der wird ganz schnell merken, daß viele Menschen das als Zumutung empfinden und ihm das Gefühl vermitteln, etwas Unanständiges zu tun.

,,Ach was, Du bist ja noch gar nicht alt. — Jeder ist so jung, wie er sich fühlt.'' Mit solchen Sätzen wird das Alter abgewehrt, verdrängt, verleugnet.

Das Alter ist in unserer Gesellschaft ein Tabu. Du bist selbst schuld, wenn MAN Dich zum alten Eisen rechnet. Es ist verboten, alt zu sein. Alt werden wollen alle, alt sein niemand. Die ewige Jugend ist zum Mythos unserer Zeit geworden.

Und wie ist das mit Dir? Wie möchtest Du alt werden? Wie möchtest Du alt sein? Du solltest Deine Einstellungen überprüfen an der Frage: Wie altern Deine Eltern? Hilfst Du ihnen dabei, in der Weise alt zu werden, wie Du alt werden möchtest? Ich vermute, Mitleid und Pflichtgefühle sind sicher nicht die Gefühle, die Du Dir selbst als alter Mensch wünschst — oder?

Können gebratene Tauben fliegen?

Quelle unserer Leiden:
unser hartnäckiger Glaube
an ein Leben ganz ohne Leiden,
in dem uns
die gebratenen Tauben
ins Maul fliegen
und wir höchstens Gründe haben,
Freudentränen zu weinen,
und wo wir nur Glück haben müssen,
um Glück zu haben,
und wo alles gut werden kann,
ohne daß wir gut werden.

Und wie ist das mit mir?

Altsein ist eine Erfahrung, die kein Jüngerer einem Älteren vermitteln kann. Daß ich selbst kein junger Mann mehr und noch kein Greis bin, erlebe ich als Gewinn für die Frage. Mir ist klar, daß ich überall meinem eigenen Alter begegne, wo immer ich einem alten Menschen begegne. Wer über das Alter nachdenkt, denkt wenigstens über etwas nach, was ihm ganz sicher mal zustoßen wird.

Und ich bin mir sicher, daß die Entwertung des Alters großen Einfluß auf die Erfahrung hat, alt und älter zu werden. ,,In den schönen alten Zeiten'', in denen die Alten die Ehrwürdigen, die Weisen waren, denen MAN besondere Kräfte nachsagte und zutraute, da war das Altern gewiß etwas ganz anderes als heute. Heute wird dem alten Menschen, dessen Arbeitskraft sich ja nicht mehr ausbeuten läßt, von der Gesellschaft das Gefühl vermittelt, eine Last zu sein. Am liebsten würden die Politiker die alten Menschen wegorganisieren. Nicht zufällig werden die durch ein Arbeitsleben erworbenen Ansprüche der Rentner gekürzt, was einem zynischen Betrug und einem Diebstahl an erbrachter Leistung gleichkommt. Darin spiegelt sich, was diese Politiker vom alten Menschen halten.

Auf der Suche nach Dir

Ohne es zu wissen,
ist jeder Mensch
auf der Suche
nach sich selbst.
Ich kann Dir
diese Suche nach Dir selbst
nicht abnehmen.
Und Du kannst mir
diese Suche nach mir selbst
nicht abnehmen.
DOCH wir können sie uns
gegenseitig leichter machen.

Zwingst Du Dich manchmal (oder oft), **anderen zulie-be** dazu, etwas zu tun, was Du im Grunde nicht tun möchtest, oder etwas zu sagen, was Du im Grunde nicht meinst?
Versuch doch mal zu ergründen, warum.

Liebe Dich

In der Beziehung zu Dir
vertiefe ich die Beziehung zu mir.
Indem ich Dich kennenlerne, mehr und mehr,
lerne ich mich kennen, mehr und mehr.
An Dir ist mir gelegen,
weil mir an mir gelegen ist.
Ich liebe Dich,
weil ich mich selbst liebe:
ICH LIEBE DICH, MEINEN NÄCHSTEN,
WIE MICH SELBST,
liebe Dich,
wie Du Dich selbst liebst.

WER soll mich denn verstehen, wenn ich mich nicht verstehe?

Wer kann mich denn verstehen, wenn ich nur mich verstehe?

WER soll mich denn lieben, wenn ich mich nicht liebe?

Wer kann mich denn lieben, wenn ich nur mich liebe?

Gerade so fühle ich Dich jetzt
(Für Dich)

Heute spreche ich lieber mit Dir
als mit meinem Bild von Dir.
Früher mochte ich Dich auch schon gern,
aber mein Bild von Dir
hatte ich lieber.
Mit der Zeit
lernte ich Dich wirklich sehen.
Heute lebe ich mit Dir.
Mit einem Bild von Dir
hätte ich nicht leben können.
Früher dachte ich oft:
Nein, das paßt nicht zu ihr.
Heute denke ich oft:
Gerade das paßt zu Dir,
von dem ich früher meinte,
es paßte nicht zu Dir.
Je länger ich mit Dir lebe,
um so tiefer erlebe ich unser Zusammensein.
Sollte ich unserem Leben einen Namen geben,
ich finde, Glück ist dieser Name.
Glück, dessen Mitte Du bist.

Mit welchen Menschen und in welchen Situationen fühlst Du Dich am wohlsten?

Jeden Tag dasselbe?

Jeden Tag dasselbe, ja,
DOCH jeden Tag dasselbe anders.
Der Abendhimmel ist niemals
jeden Abend derselbe.
Und nicht ein Sonnenaufgang
gleicht dem anderen.
Und während ich hinsehe,
ändere ich mich.
Und während ich jetzt schreibe,
ändere ich mich.
Und während ich Dir zuhöre,
ändere ich mich.
Und während Du mir zuhörst, jetzt,
indem Du mein Gedicht liest,
änderst Du Dich.

Hast Du manchmal das Gefühl, **Dich nicht so richtig freuen** zu können, obwohl Du weißt, daß Du allen Anlaß zur Freude hättest?
Hast Du manchmal das Gefühl, auch nicht richtig traurig sein zu können, obwohl Du Dir sagst: jetzt müßte ich traurig sein?

Guter Rat für schlechte Zeiten

1

Meide die Menschen,
unter denen Du nicht Du sein darfst
und Dich verstellen mußt,
Dich verdrängen, totstellen, verleugnen mußt,
damit sie Dich achten können,
die Menschen meide.

2

Meide die Menschen und Orte,
wo einer etwas sein muß,
es zu etwas gebracht haben muß,
ehe sie ihn anerkennen.

3

Ich fühle mich wohl unter Menschen,
die es zu sich selbst gebracht haben.
Denn weiter kann es niemand bringen
als zu sich selbst.

Wenn ein fremder Mensch auf der Straße Dich an-
sieht, was fühlst Du dabei? Was machst Du mit dem
Gefühl?

Ver-zweifeln

Nie mehr ICH sagen,
ohne zu wissen,
wer das eigentlich ist: ich.
Gedanken über dieses Ich.
Gedanken, um herauszubekommen,
wer ich bin: ich.
Wissen will ich:
wer bin ich?
Genauer wissen.
Zweifel kommen auf:
einen Zweifel zulassen
oder zwei oder
drei oder vier oder
fünf oder — oder?
Also: ich bin ich,
bin ich und die Zweifel,
bin ich und die Gewißheiten
jenseits meiner Zweifel.

Sehnst Du Dich manchmal danach, Dich so lebendig und so voll zu fühlen, wie Du Dich doch oft als Kind fühltest? Gibt es Augenblicke, in denen Du Dich so fühlst?
Wenn ja, dann schau Dir diese Augenblicke bewußter an und achte genau darauf, was zu ihrer Entstehung beitrug.

Was nicht wiederkommt

Erinnerungen gehen
und kommen wieder.
Hoffnungen vergehen
und kommen wieder.
Die Zeit vergeht
und kommt nie wieder.
Die Gelegenheit vergeht
und kommt nie wieder.
Dieser Augenblick jetzt vergeht
und kommt nie wieder,
nie wieder wieder.

Was ist Dir wichtiger: die Zukunft, die Vergangenheit, die Gegenwart?

Gegenwart? Warum kommt ,,die Gegenwart'' nur in der Einzahl vor? Warum vergessen wir es immer wieder? Jeder weiß es und will es nicht wissen.
Darum kommt die Gegenwart nur in der Einzahl vor, weil jeder von uns nur in der Einzahl vorkommt. **Warum vergessen wir es immer wieder?**

Was ist Zeit?

Und manchmal, manchmal
da sind die Minuten wie Stunden, und
manchmal, manchmal
da sind die Stunden wie Sekunden, und
wie langsam vergehen die Tage, und
wie schnell die Jahre, wie schnell, und
gestern, gestern ist so weit, ist
wie vor zehn Jahren, und
was vor zehn Jahren war,
ist wie gestern gewesen.
Was also ist Zeit?,
so frage ich mich erschrocken.
Und aufgeschreckt durch diese Frage
frage ich:
Wie lange noch?
Denn wie schnell, wie schnell
werden zehn Jahre vorbei sein.
Was ist Zeit also?
Ich möchte erreichen,
daß alle sich das fragen.

Wieviel Zeit hast Du für Dich? Mehr als Du benötigst? Weniger als Du benötigst?
Was tust Du, um so viel Zeit zu bekommen, wie Du
für Dich benötigst?

Lernen, nein zu sagen.

Vorsicht

Damit mein Leben sich nicht ausfranste,
die Quelle, die mich nährte,
rein bleiben konnte und klar,
stellte ich Geheimnisse um mich, in mich.
Will sich einer zurechtfinden in mir, an mir,
leicht könnte er sich verirren
an mir und in sich selbst.
Wer immer ich sein werde für Euch,
das wird davon abhängen,
wer Ihr seid für Euch,
wer Ihr seid für mich.

**NACH
WORT:**

Viele wissen es,
wenige handeln danach.

Werner Sprenger
Schleichwege zum Ich
I Meditationsgedichte

ISBN 3-921778-07-7 4. Auflage 144 Seiten

Ich bin mir mein eigenes Versuchskaninchen

Manchmal, während ich mich selbst beobachte,
als Fremder neben mir stehe und
mein eigenes Versuchskaninchen bin,
neben mir stehe
und mir von weitem zusehe,
wie ich im vergitterten Käfig
einer schwierigen Situation
nicht aus noch ein weiß
und einen elektrischen Schlag (Schicksalsschlag)
nach dem anderen bekomme,
bis nichts mehr da ist,
womit ich mich belügen,
wohinter ich mich verbergen,
womit ich mich trösten könnte, nichts mehr.
In solchen Augenblicken lerne ich,
wie erstaunlich,
wie erstaunlich
die Selbstverständlichkeiten sind,
gerade sie.
Und hilflos fühle ich,
wie ich mir dabei,
eins zwei drei,
in Fleisch und Blut übergehe,
während ich mich neu buchstabiere:
mühsam, Erfahrung für Erfahrung.   (S. 32)

Werner Sprenger
Glück aus Versehen?
Unglück aus Verstehen?

ISBN 3-921778-06-9   72 Seiten

Jeder Mensch ist anders, auch und gerade anders als er unserer Meinung nach sein sollte, sein müßte. Warum sollte er anders sein?

Wie kann ich das Bild loswerden, das ich von Dir habe? Und wie kann ich das Bild loswerden, das ich von mir habe? Und wie können wir das Bild loswerden, das wir von uns haben, von unserem Wir?

Wie kann ich den Verschütteten bergen, der unter diesem Berg von Bildern liegt? Wie kann ich mich endlich selbst zu sehen bekommen? Wie kann ich mich berichtigen hin zu mir selbst? Mit einem falschen Bild von sich selbst verhungert der Mensch vor vollen Schüsseln.

99 Prozent aller Probleme entstehen überhaupt erst aus dem unvermeidlichen Widerspruch zwischen dem Bild, wie jemand unserer Meinung nach sein sollte, und der lebendigen Wirklichkeit, wie jemand wirklich ist: geworden ist in seiner ganzen Lebens- und Lerngeschichte. Wo immer wir einem anderen nicht die Möglichkeit des Anderssein zugestehen, dort geht es mehr um uns, um unser Bild, unsere Interessen, als um den anderen Menschen.